Aan alle moeders en grootmoeders van de wereld ...
-The Green Brothers-

Je kookt altijd aan iemand denkend ...
anders
ben je alleen maar eten aan het bereiden.

Dit boek is een geschenk van

_____

Wij danken u en feliciteren u met uw keuze.
Je hebt een kwaliteitsboek gekocht, ontworpen en gemaakt met liefde en aandacht voor detail.
We hopen dat je onze website wilt bezoeken waar je meer ideeën voor volwassenen en kinderen vindt!

Nogmaals bedankt van het hele Green Brothers-team.

www.thegreenbrothers2020.com

Er is ook de Vegan editie!

ELKE KEER DAT U GAAT KOKEN DENK ERAAN OM:

Let altijd goed op wat u in de keuken doet, want **één** keer uitglijden kan ernstig letsel of een ongeval veroorzaken.

Om dit te voorkomen, stelt u een plan op voor het schoonmaken van de keuken e **z**org voor de nodige veiligheidsuitrusting!

Het is ook belangrijk om te weten wie u in de buurt bent: bijvoorbeeld kinderen, die nooit alleen in de keuken mogen staan, maar het altijd lukt!

DE REGELS VAN DE CHEF

- Bewaar messen altijd in hun houder
- Draag nooit losse kleding en houd uw haar vastgebonden
- Draag geen kettingen of sieraden die naar beneden hangen
- Houd de pannenlappen bij de hand en gebruik ze!
- Laat nooit temperatuurgevoelige etenswaren in de keuken staan
- Droog de vloer onmiddellijk af
- Was uw handen en items die u gebruikt om rauw vlees te verwerken (vooral kip) voordat u ander voedsel, bakjes of keukengerei aanraakt
- Koop een brandblusser voor uw keuken.

Serieel	Recept	Bladzijde
1		Bladzijde 1
2		Bladzijde 2
3		Bladzijde 3
4		Bladzijde 4
5		Bladzijde 5
6		Bladzijde 6
7		Bladzijde 7
8		Bladzijde 8
9		Bladzijde 9
10		Bladzijde 10
11		Bladzijde 11
12		Bladzijde 12
13		Bladzijde 13
14		Bladzijde 14
15		Bladzijde 15
16		Bladzijde 16
17		Bladzijde 17
18		Bladzijde 18
19		Bladzijde 19
20		Bladzijde 20
21		Bladzijde 21
22		Bladzijde 22
23		Bladzijde 23
24		Bladzijde 24
25		Bladzijde 25

Serieel	Recept	Bladzijde
26		Bladzijde 26
27		Bladzijde 27
28		Bladzijde 28
29		Bladzijde 29
30		Bladzijde 30
31		Bladzijde 31
32		Bladzijde 32
33		Bladzijde 33
34		Bladzijde 34
35		Bladzijde 35
36		Bladzijde 36
37		Bladzijde 37
38		Bladzijde 38
39		Bladzijde 39
40		Bladzijde 40
41		Bladzijde 41
42		Bladzijde 42
43		Bladzijde 43
44		Bladzijde 44
45		Bladzijde 45
46		Bladzijde 46
47		Bladzijde 47
48		Bladzijde 48
49		Bladzijde 49
50		Bladzijde 50

Serieel	Recept	Bladzijde
51		Bladzijde 51
52		Bladzijde 52
53		Bladzijde 53
54		Bladzijde 54
55		Bladzijde 55
56		Bladzijde 56
57		Bladzijde 57
58		Bladzijde 58
59		Bladzijde 59
60		Bladzijde 60
61		Bladzijde 61
62		Bladzijde 62
63		Bladzijde 63
64		Bladzijde 64
65		Bladzijde 65
66		Bladzijde 66
67		Bladzijde 67
68		Bladzijde 68
69		Bladzijde 69
70		Bladzijde 70
71		Bladzijde 71
72		Bladzijde 72
73		Bladzijde 73
74		Bladzijde 74
75		Bladzijde 75

Serieel	Recept	Bladzijde
76		Bladzijde 76
77		Bladzijde 77
78		Bladzijde 78
79		Bladzijde 79
80		Bladzijde 80
81		Bladzijde 81
82		Bladzijde 82
83		Bladzijde 83
84		Bladzijde 84
85		Bladzijde 85
86		Bladzijde 86
87		Bladzijde 87
88		Bladzijde 88
89		Bladzijde 89
90		Bladzijde 90
91		Bladzijde 91
92		Bladzijde 92
93		Bladzijde 93
94		Bladzijde 94
95		Bladzijde 95
96		Bladzijde 96
97		Bladzijde 97
98		Bladzijde 98
99		Bladzijde 99
100		Bladzijde 100

Ingrediënten

Voorbereiding

beoordeling
☆☆☆☆☆

moeilijkheidsgraad
○○○○○

diners
1 2 3 4 5

tijd

Serveer met

extra notities

2

Ingrediënten

Voorbereiding

---

beoordeling
☆☆☆☆☆

moeilijkheidsgraad
○○○○○

diners
1 2 3 4 5

tijd

Serveer met

---

extra notities

3

Ingrediënten

Voorbereiding

beoordeling
☆☆☆☆☆

moeilijkheidsgraad
○○○○○

diners
1 2 3 4 5

tijd

Serveer met

extra notities

4

Ingrediënten

_____ _____ _____
_____ _____ _____
_____ _____ _____
_____ _____ _____
_____ _____ _____
_____ _____ _____
_____ _____ _____

Voorbereiding

_____
_____
_____
_____
_____
_____
_____
_____
_____
_____
_____
_____
_____
_____

beoordeling
☆☆☆☆☆

moeilijkheidsgraad
○○○○○

diners
1 2 3 4 5

tijd

Serveer met
_____
_____

extra notities
_____
_____
_____
_____
_____
_____
_____
_____
_____
_____

5

Ingrediënten

Voorbereiding

beoordeling
☆☆☆☆☆

moeilijkheidsgraad
○○○○○

diners
1 2 3 4 5

tijd

Serveer met

extra notities

Ingrediënten

Voorbereiding

beoordeling
☆☆☆☆☆

moeilijkheidsgraad
○○○○○

diners
1 2 3 4 5

tijd

Serveer met

extra notities

7

Ingrediënten

Voorbereiding

---

beoordeling
☆☆☆☆☆

moeilijkheidsgraad
○○○○○

diners
1 2 3 4 5

tijd

Serveer met

extra notities

Ingrediënten

Voorbereiding

beoordeling
☆☆☆☆☆

moeilijkheidsgraad
○○○○○

diners
1 2 3 4 5

tijd

Serveer met

extra notities

9

Ingrediënten

Voorbereiding

beoordeling
☆☆☆☆☆

moeilijkheidsgraad
○○○○○

diners
1 2 3 4 5

tijd

Serveer met

extra notities

10

Ingrediënten

_____ _____ _____
_____ _____ _____
_____ _____ _____
_____ _____ _____
_____ _____ _____
_____ _____ _____

Voorbereiding

_____
_____
_____
_____
_____
_____
_____
_____
_____
_____
_____
_____
_____

beoordeling
☆ ☆ ☆ ☆ ☆

moeilijkheidsgraad
○ ○ ○ ○ ○

diners
1 2 3 4 5

tijd

Serveer met
_____
_____
_____

extra notities
_____
_____
_____
_____
_____
_____
_____
_____

11

Ingrediënten

Voorbereiding

beoordeling
☆☆☆☆☆

moeilijkheidsgraad
○○○○○

diners
1 2 3 4 5

tijd

Serveer met

extra notities

Ingrediënten

Voorbereiding

beoordeling
☆☆☆☆☆

moeilijkheidsgraad
○○○○○

diners
1 2 3 4 5

tijd

Serveer met

extra notities

13

Ingrediënten

Voorbereiding

beoordeling
☆☆☆☆☆

moeilijkheidsgraad
○○○○○

diners
1 2 3 4 5

tijd

Serveer met

extra notities

14

Ingrediënten

Voorbereiding

beoordeling
☆☆☆☆☆

moeilijkheidsgraad
○○○○○

diners
1 2 3 4 5

tijd

Serveer met

extra notities

15

Ingrediënten

Voorbereiding

beoordeling
☆☆☆☆☆

moeilijkheidsgraad
○○○○○

diners
1 2 3 4 5

tijd

Serveer met

extra notities

16

Ingrediënten

Voorbereiding

beoordeling
☆☆☆☆☆

moeilijkheidsgraad
○○○○○

diners
1 2 3 4 5

tijd

Serveer met

extra notities

17

Ingrediënten

Voorbereiding

beoordeling
☆☆☆☆☆

moeilijkheidsgraad
○○○○○

diners
1 2 3 4 5

tijd

Serveer met

extra notities

18

Ingrediënten

beoordeling
☆☆☆☆☆

moeilijkheidsgraad
○○○○○

diners
1 2 3 4 5

tijd

Voorbereiding

Serveer met

extra notities

19

Ingrediënten

Voorbereiding

beoordeling
☆☆☆☆☆

moeilijkheidsgraad
○○○○○

diners
1 2 3 4 5

tijd

Serveer met

extra notities

20

Ingrediënten

_____ _____ _____
_____ _____ _____
_____ _____ _____
_____ _____ _____
_____ _____ _____
_____ _____ _____
_____ _____ _____

Voorbereiding

_____
_____
_____
_____
_____
_____
_____
_____
_____
_____
_____
_____
_____
_____

beoordeling
☆ ☆ ☆ ☆ ☆

moeilijkheidsgraad
○ ○ ○ ○ ○

diners
1 2 3 4 5

tijd

Serveer met
_____
_____
_____

extra notities
_____
_____
_____
_____
_____
_____
_____
_____
_____
_____

21

Ingrediënten

Voorbereiding

beoordeling
☆☆☆☆☆

moeilijkheidsgraad
○○○○○

diners
1 2 3 4 5

tijd

Serveer met

extra notities

22

Ingrediënten

Voorbereiding

beoordeling
☆☆☆☆☆

moeilijkheidsgraad
○○○○○

diners
1 2 3 4 5

tijd

Serveer met

extra notities

23

Ingrediënten

_____
_____
_____
_____
_____
_____

Voorbereiding

_____
_____
_____
_____
_____
_____
_____
_____
_____
_____
_____
_____
_____
_____

beoordeling
☆☆☆☆☆

moeilijkheidsgraad
○○○○○

diners
1 2 3 4 5

tijd

Serveer met
_____
_____

extra notities
_____
_____
_____
_____
_____
_____
_____
_____

Ingrediënten

Voorbereiding

---

beoordeling

moeilijkheidsgraad

diners
1 2 3 4 5

tijd

Serveer met

extra notities

25

Ingrediënten

Voorbereiding

beoordeling
☆☆☆☆☆

moeilijkheidsgraad
○○○○○

diners
1 2 3 4 5

tijd

Serveer met

extra notities

26

Ingrediënten

Voorbereiding

beoordeling
☆☆☆☆☆

moeilijkheidsgraad
○○○○○

diners
1 2 3 4 5

tijd

Serveer met

extra notities

27

Ingrediënten

Voorbereiding

beoordeling

☆☆☆☆☆

moeilijkheidsgraad

○○○○○

diners

1 2 3 4 5

tijd

Serveer met

extra notities

28

Ingrediënten

Voorbereiding

beoordeling
☆☆☆☆☆

moeilijkheidsgraad
○○○○○

diners
1 2 3 4 5

tijd

Serveer met

extra notities

29

Ingrediënten

Voorbereiding

beoordeling
☆☆☆☆☆

moeilijkheidsgraad
○○○○○

diners
1 2 3 4 5

tijd

Serveer met

extra notities

Ingrediënten

Voorbereiding

---

beoordeling
☆☆☆☆☆

moeilijkheidsgraad
○○○○○

diners
1 2 3 4 5

tijd

Serveer met

extra notities

31

Ingrediënten

Voorbereiding

beoordeling
☆☆☆☆☆

moeilijkheidsgraad
○○○○○

diners
1 2 3 4 5

tijd

Serveer met

extra notities

Ingrediënten

Voorbereiding

beoordeling
☆☆☆☆☆

moeilijkheidsgraad
○○○○○

diners
1 2 3 4 5

tijd

Serveer met

extra notities

33

Ingrediënten

Voorbereiding

beoordeling
☆☆☆☆☆

moeilijkheidsgraad
○○○○○

diners
1 2 3 4 5

tijd

Serveer met

extra notities

34

Ingrediënten

Voorbereiding

beoordeling
☆☆☆☆☆

moeilijkheidsgraad
○○○○○

diners
1 2 3 4 5

tijd

Serveer met

extra notities

35

Ingrediënten

Voorbereiding

beoordeling
☆☆☆☆☆

moeilijkheidsgraad
○○○○○

diners
1 2 3 4 5

tijd

Serveer met

extra notities

36

Ingrediënten

Voorbereiding

beoordeling
☆☆☆☆☆

moeilijkheidsgraad
○○○○○

diners
1 2 3 4 5

tijd

Serveer met

extra notities

37

Ingrediënten

Voorbereiding

beoordeling
☆☆☆☆☆

moeilijkheidsgraad
○○○○○

diners
1 2 3 4 5

tijd

Serveer met

extra notities

38

Ingrediënten

Voorbereiding

beoordeling

moeilijkheidsgraad

diners
1 2 3 4 5

tijd

Serveer met

extra notities

39

Ingrediënten

Voorbereiding

beoordeling
☆☆☆☆☆

moeilijkheidsgraad
○○○○○

diners
1 2 3 4 5

tijd

Serveer met

extra notities

40

Ingrediënten

Voorbereiding

beoordeling

moeilijkheidsgraad

diners
1 2 3 4 5

tijd

Serveer met

extra notities

41

Ingrediënten

Voorbereiding

beoordeling
☆☆☆☆☆

moeilijkheidsgraad
○○○○○

diners
1 2 3 4 5

tijd

Serveer met

extra notities

42

Ingrediënten

Voorbereiding

beoordeling

moeilijkheidsgraad

diners
1 2 3 4 5

tijd

Serveer met

extra notities

43

Ingrediënten

Voorbereiding

beoordeling
☆☆☆☆☆

moeilijkheidsgraad
○○○○○

diners
1 2 3 4 5

tijd

Serveer met

extra notities

44

Ingrediënten

Voorbereiding

beoordeling
☆☆☆☆☆

moeilijkheidsgraad
○○○○○

diners
1 2 3 4 5

tijd

Serveer met

extra notities

45

Ingrediënten

Voorbereiding

beoordeling
☆☆☆☆☆

moeilijkheidsgraad
○○○○○

diners
1 2 3 4 5

tijd

Serveer met

extra notities

46

Ingrediënten

Voorbereiding

beoordeling
☆☆☆☆☆

moeilijkheidsgraad
○○○○○

diners
1 2 3 4 5

tijd

Serveer met

extra notities

47

Ingrediënten

Voorbereiding

beoordeling
☆☆☆☆☆

moeilijkheidsgraad
○○○○○

diners
1 2 3 4 5

tijd

Serveer met

extra notities

48

Ingrediënten

Voorbereiding

beoordeling
☆☆☆☆☆

moeilijkheidsgraad
○○○○○

diners
1 2 3 4 5

tijd

Serveer met

extra notities

49

Ingrediënten

Voorbereiding

---

beoordeling
☆☆☆☆☆

moeilijkheidsgraad
○○○○○

diners
1 2 3 4 5

tijd

Serveer met

extra notities

50

Ingrediënten

Voorbereiding

beoordeling
☆☆☆☆☆

moeilijkheidsgraad
○○○○○

diners
1 2 3 4 5

tijd

Serveer met

extra notities

51

Ingrediënten

Voorbereiding

beoordeling
☆☆☆☆☆

moeilijkheidsgraad
○○○○○

diners
1 2 3 4 5

tijd

Serveer met

extra notities

52

Ingrediënten

Voorbereiding

beoordeling
☆☆☆☆☆

moeilijkheidsgraad
○○○○○

diners
1 2 3 4 5

tijd

Serveer met

extra notities

53

Ingrediënten

Voorbereiding

beoordeling
☆☆☆☆☆

moeilijkheidsgraad
○○○○○

diners
1 2 3 4 5

tijd

Serveer met

extra notities

54

Ingrediënten

Voorbereiding

beoordeling
☆☆☆☆☆

moeilijkheidsgraad
○○○○○

diners
1 2 3 4 5

tijd

Serveer met

extra notities

55

Ingrediënten

Voorbereiding

beoordeling
☆☆☆☆☆

moeilijkheidsgraad
○○○○○

diners
1 2 3 4 5

tijd

Serveer met

extra notities

56

Ingrediënten

Voorbereiding

beoordeling
☆☆☆☆☆

moeilijkheidsgraad
○○○○○

diners
1 2 3 4 5

tijd

Serveer met

extra notities

57

Ingrediënten

Voorbereiding

---

beoordeling
☆☆☆☆☆

moeilijkheidsgraad
○○○○○

diners
1 2 3 4 5

tijd

Serveer met

---

extra notities

58

Ingrediënten

Voorbereiding

beoordeling
☆☆☆☆☆

moeilijkheidsgraad
○○○○○

diners
1 2 3 4 5

tijd

Serveer met

extra notities

59

Ingrediënten

Voorbereiding

beoordeling
☆☆☆☆☆

moeilijkheidsgraad
○○○○○

diners
1 2 3 4 5

tijd

Serveer met

extra notities

Ingrediënten

beoordeling
☆☆☆☆☆

moeilijkheidsgraad
○○○○○

diners
1 2 3 4 5

tijd

Voorbereiding

Serveer met

extra notities

61

Ingrediënten

Voorbereiding

beoordeling

moeilijkheidsgraad

diners
1 2 3 4 5

tijd

Serveer met

extra notities

62

Ingrediënten

Voorbereiding

beoordeling

moeilijkheidsgraad

diners
1 2 3 4 5

tijd

Serveer met

extra notities

63

Ingrediënten

Voorbereiding

beoordeling

moeilijkheidsgraad

diners
1 2 3 4 5

tijd

Serveer met

extra notities

64

Ingrediënten

Voorbereiding

beoordeling
☆☆☆☆☆

moeilijkheidsgraad
○○○○○

diners
1 2 3 4 5

tijd

Serveer met

extra notities

65

Ingrediënten

Voorbereiding

beoordeling
☆☆☆☆☆

moeilijkheidsgraad
○○○○○

diners
1 2 3 4 5

tijd

Serveer met

extra notities

66

Ingrediënten

Voorbereiding

beoordeling
☆☆☆☆☆

moeilijkheidsgraad
○○○○○

diners
1 2 3 4 5

tijd

Serveer met

extra notities

67

Ingrediënten

Voorbereiding

beoordeling
☆☆☆☆☆

moeilijkheidsgraad
○○○○○

diners
1 2 3 4 5

tijd

Serveer met

extra notities

68

Ingrediënten

Voorbereiding

beoordeling
☆☆☆☆☆

moeilijkheidsgraad
○○○○○

diners
1 2 3 4 5

tijd

Serveer met

extra notities

69

Ingrediënten

Voorbereiding

beoordeling
☆☆☆☆☆

moeilijkheidsgraad
○○○○○

diners
1 2 3 4 5

tijd

Serveer met

extra notities

70

Ingrediënten

beoordeling
☆☆☆☆☆

moeilijkheidsgraad
○○○○○

diners
1 2 3 4 5

tijd

Voorbereiding

Serveer met

extra notities

71

Ingrediënten

Voorbereiding

beoordeling

moeilijkheidsgraad

diners
1 2 3 4 5

tijd

Serveer met

extra notities

72

Ingrediënten

Voorbereiding

beoordeling
☆☆☆☆☆

moeilijkheidsgraad
○○○○○

diners
1 2 3 4 5

tijd

Serveer met

extra notities

73

Ingrediënten

Voorbereiding

beoordeling

moeilijkheidsgraad
○○○○○

diners
1 2 3 4 5

tijd

Serveer met

extra notities

74

Ingrediënten

Voorbereiding

beoordeling
☆☆☆☆☆

moeilijkheidsgraad
○○○○○

diners
1 2 3 4 5

tijd

Serveer met

extra notities

75

Ingrediënten

Voorbereiding

beoordeling
☆☆☆☆☆

moeilijkheidsgraad
○○○○○

diners
1 2 3 4 5

tijd

Serveer met

extra notities

76

Ingrediënten

Voorbereiding

beoordeling
☆☆☆☆☆

moeilijkheidsgraad
○○○○○

diners
1 2 3 4 5

tijd

Serveer met

extra notities

77

Ingrediënten

Voorbereiding

beoordeling
☆☆☆☆☆

moeilijkheidsgraad
○○○○○

diners
1 2 3 4 5

tijd

Serveer met

extra notities

78

Ingrediënten

Voorbereiding

beoordeling
☆☆☆☆☆

moeilijkheidsgraad
○○○○○

diners
1 2 3 4 5

tijd

Serveer met

extra notities

79

Ingrediënten

Voorbereiding

beoordeling
☆☆☆☆☆

moeilijkheidsgraad
○○○○○

diners
1 2 3 4 5

tijd

Serveer met

extra notities

80

Ingrediënten

Voorbereiding

beoordeling
☆☆☆☆☆

moeilijkheidsgraad
○○○○○

diners
1 2 3 4 5

tijd

Serveer met

extra notities

81

Ingrediënten

Voorbereiding

beoordeling

moeilijkheidsgraad
○○○○○

diners
1 2 3 4 5

tijd

Serveer met

extra notities

82

Ingrediënten

Voorbereiding

beoordeling
☆☆☆☆☆

moeilijkheidsgraad
○○○○○

diners
1 2 3 4 5

tijd

Serveer met

extra notities

83

Ingrediënten

Voorbereiding

beoordeling
☆☆☆☆☆

moeilijkheidsgraad
○○○○○

diners
1 2 3 4 5

tijd

Serveer met

extra notities

84

Ingrediënten

Voorbereiding

beoordeling
☆☆☆☆☆

moeilijkheidsgraad
○○○○○

diners
1 2 3 4 5

tijd

Serveer met

extra notities

85

Ingrediënten

Voorbereiding

beoordeling
☆☆☆☆☆

moeilijkheidsgraad
○○○○○

diners
1 2 3 4 5

tijd

Serveer met

extra notities

86

Ingrediënten

Voorbereiding

beoordeling
☆☆☆☆☆

moeilijkheidsgraad
○○○○○

diners
1 2 3 4 5

tijd

Serveer met

extra notities

87

Ingrediënten

Voorbereiding

beoordeling
☆☆☆☆☆

moeilijkheidsgraad
○○○○○

diners
1 2 3 4 5

tijd

Serveer met

extra notities

Ingrediënten

Voorbereiding

beoordeling
☆☆☆☆☆

moeilijkheidsgraad
○○○○○

diners
1 2 3 4 5

tijd

Serveer met

extra notities

89

Ingrediënten

Voorbereiding

beoordeling
☆☆☆☆☆

moeilijkheidsgraad
○○○○○

diners
1 2 3 4 5

tijd

Serveer met

extra notities

Ingrediënten

Voorbereiding

beoordeling
☆☆☆☆☆

moeilijkheidsgraad
○○○○○

diners
1 2 3 4 5

tijd

Serveer met

extra notities

91

Ingrediënten

Voorbereiding

beoordeling
☆☆☆☆☆

moeilijkheidsgraad
○○○○○

diners
1 2 3 4 5

tijd

Serveer met

extra notities

92

Ingrediënten

Voorbereiding

beoordeling
☆☆☆☆☆

moeilijkheidsgraad
○○○○○

diners
1 2 3 4 5

tijd

Serveer met

extra notities

93

Ingrediënten

Voorbereiding

beoordeling
☆☆☆☆☆

moeilijkheidsgraad
○○○○○

diners
1 2 3 4 5

tijd

Serveer met

extra notities

94

Ingrediënten

Voorbereiding

beoordeling
☆☆☆☆☆

moeilijkheidsgraad
○○○○○

diners
1 2 3 4 5

tijd

Serveer met

extra notities

95

Ingrediënten

Voorbereiding

beoordeling
☆☆☆☆☆

moeilijkheidsgraad
○○○○○

diners
1 2 3 4 5

tijd

Serveer met

extra notities

96

Ingrediënten

Voorbereiding

beoordeling
☆☆☆☆☆

moeilijkheidsgraad
○○○○○

diners
1 2 3 4 5

tijd

Serveer met

extra notities

Ingrediënten

Voorbereiding

beoordeling

moeilijkheidsgraad

diners
1 2 3 4 5

tijd

Serveer met

extra notities

98

Ingrediënten

Voorbereiding

beoordeling
☆☆☆☆☆

moeilijkheidsgraad
○○○○○

diners
1 2 3 4 5

tijd

Serveer met

extra notities

99

Ingrediënten

Voorbereiding

beoordeling
☆☆☆☆☆

moeilijkheidsgraad
○○○○○

diners
1 2 3 4 5

tijd

Serveer met

extra notities

Ingrediënten

Voorbereiding

beoordeling

moeilijkheidsgraad

diners

1 2 3 4 5

tijd

Serveer met

extra notities

CPSIA information can be obtained
at www.ICGtesting.com
Printed in the USA
BVHW061055230621
610291BV00003B/304